BEI GRIN MACHT SICH IHR WISSEN BEZAHLT

- Wir veröffentlichen Ihre Hausarbeit,
  Bachelor- und Masterarbeit

- Ihr eigenes eBook und Buch -
  weltweit in allen wichtigen Shops

- Verdienen Sie an jedem Verkauf

Jetzt bei www.GRIN.com hochladen und kostenlos publizieren

Bibliografische Information der Deutschen Nationalbibliothek:

Die Deutsche Bibliothek verzeichnet diese Publikation in der Deutschen National-
bibliografie; detaillierte bibliografische Daten sind im Internet über http://dnb.d-
nb.de/ abrufbar.

Dieses Werk sowie alle darin enthaltenen einzelnen Beiträge und Abbildungen
sind urheberrechtlich geschützt. Jede Verwertung, die nicht ausdrücklich vom
Urheberrechtsschutz zugelassen ist, bedarf der vorherigen Zustimmung des Verla-
ges. Das gilt insbesondere für Vervielfältigungen, Bearbeitungen, Übersetzungen,
Mikroverfilmungen, Auswertungen durch Datenbanken und für die Einspeicherung
und Verarbeitung in elektronische Systeme. Alle Rechte, auch die des auszugsweisen
Nachdrucks, der fotomechanischen Wiedergabe (einschließlich Mikrokopie) sowie
der Auswertung durch Datenbanken oder ähnliche Einrichtungen, vorbehalten.

Impressum:

Copyright © 2016 GRIN Verlag
Druck und Bindung: Books on Demand GmbH, Norderstedt Germany
ISBN: 9783668945791

Dieses Buch bei GRIN:

https://www.grin.com/document/454095

Britta Liekmeier

"Kafka Kurz und Knapp". Wie können Comics Emotionen transportieren?

GRIN Verlag

GRIN - Your knowledge has value

Der GRIN Verlag publiziert seit 1998 wissenschaftliche Arbeiten von Studenten, Hochschullehrern und anderen Akademikern als eBook und gedrucktes Buch. Die Verlagswebsite www.grin.com ist die ideale Plattform zur Veröffentlichung von Hausarbeiten, Abschlussarbeiten, wissenschaftlichen Aufsätzen, Dissertationen und Fachbüchern.

Besuchen Sie uns im Internet:

http://www.grin.com/

http://www.facebook.com/grincom

http://www.twitter.com/grin_com

I. Einleitung

Eines Tages las ich ein Buch und mein ganzes Leben veränderte sich! [1]

Dieser Ausspruch des Autors und Kinderbuchverlegers Hans - Joachim Gelberg lässt erkennen, welch große Macht dem geschriebenen Wort zukommen kann, wenn es zum richtigen Zeitpunkt auf den Menschen trifft. Kinderliteratur so führte er aus, könne das Leben verändern und suche fortlaufend die Perspektive des Kindes. Der Erwachsen gebe hierbei zwar die Richtung vor, müsse aber dennoch den Versuch unternehmen die Welt durch Sprache kenntlich zu machen und das Staunen der Kinder zu begreifen. Kinderliteratur, so Gelberg weiter, ließe sich bezeichnen als eine Schule der *Poetik*. Hierbei steht ein Schöpfungsakt im Fokus, der neue Welten erschafft. Worte werden im Leser lebendig und erzeugen Emotionen. Der Leser ist hierbei aus unserer Sicht gedacht meist der erwachsene Mensch. Aber auch Kinder erfahren Literatur und Poesie. Dabei betont Gelberg, dass es nicht die *Kinderpoesie* als solche gäbe. Vielmehr gibt es nur die eine Poesie, die mittels ihrer Worte Bilder malt.

Auch Kafka, dessen Werk innerhalb dieser Arbeit als Beispiel für die Verbindung von Poetik und Comic dienen wird, betont: „Ich zeichnete keine Menschen. Ich erzählte eine Geschichte. Das sind Bilder, nur Bilder." (Franz Kafka)[2]

Bilder unterstützen Sprache seit Beginn der Aufzeichnungen. Letztlich ist auch ein geschriebener Buchstabe nichts anderes als das erlernte Bild eines Lautes. Dennoch, im besonderen Maße begegnet uns diese Bildhaftigkeit im Genre der Comics. Mit Auflagenzahlen, die bei den meisten anderen Gattungen von Literatur utopisch erscheinen würden und dem regen Tausch- und Sammelmarkt, der vermutlich unerreicht ist, sind Comics Teil und extremes Beispiel der Massenliteratur. Doch kann man auch im Comic von Poesie und Poetik sprechen? Der Bekanntheitsgrad vieler Comicfiguren ist höher als der von Politikern, und auch die verwendete Sprache hat vor allem in der Jugendsprache großen Anklang gefunden und wurde als Wort oder Phrase übernommen. Comics sind somit zu einem, wenn nicht sogar zu, „dem" literarischen

---

[1] Zitiert nach Hans – Joachim Gelbergs Vortrag: Nachdenklich bis über die Ohren. Vortrag Uni Paderborn 2017.

[2] Politzer, Heinz: Das Kafka-Buch. Eine innere Biographie in Selbstzeugnissen. Frankfurt am Main 1965.

Vertreter, unserer Alltagskultur geworden. Aber kann ein häufig als literarisch Minderwertig deklariertes Medium als Werkzeug der Poesie genutzt werden?

Der erwähnte Gedanke, dass Worte Emotionen auslösen können, findet sich auch in der bildnerischen Kunst wieder. Ein Bild kann beim Betrachter Emotionen auslösen. Die unsichtbare Welt der Emotionen kann sowohl in den Panels, als auch außerhalb dieser dargestellt werden. Emotionen werden in Comics nicht nur anhand der Bilder und Graphiken, sondern auch durch die Sprache also Worte transportiert.

In dieser Arbeit werde ich mich mit der Frage beschäftigen, wie durch die Übertragung von Poetik in Comics Emotionen transportiert werden können.

Neben der Erläuterung verschiedener Fachliteratur zu der aufgeführten Thematik (Schüwer, Monika Schwarz-Friesel uvm.) werde ich versuchen anhand des Beispiels von Kafka -Kurz und Knapp - deutlich zu machen, wie Sprache und Bilder sich bei dem Transport von Emotionen gegenseitig unterstützen.

II. Theoretische Grundlagen

In einer literaturwissenschaftlichen Arbeit über Comics erscheint es sinnvoll, zunächst einige theoretische Grundlagen dieses Mediums zu umreißen. Denn trotz einer allmählichen Anerkennung des Comics als eigenständige Kunstform, die in Deutschland lange auf sich warten ließ, wendet sich die Literaturwissenschaft den spezifischen Erzählmustern und Eigenheiten dieser Kunstform nur sehr zögerlich zu. Allerdings kann eine umfassende Auseinandersetzung mit den Zeichensystemen der Comics auch an dieser Stelle nicht geleistet werden; eine Einführung in die wichtigsten Bestandteile der Comicsprache, auf deren Grundlage eine Kafka-Adaptionen untersucht wird, ist jedoch unumgänglich.

1. Comic und Poetik

a) das Comic

Bis heute gibt es keine allgemeingültige Definition von dem *Comic*, die von Medienpädagogen, Comicforschern oder Pädagogen im Allgemeinen gleichermaßen benutzt werden könnte. Die Tatsache, dass sich der Comic in seiner über hundertjährigen Geschichte entwickelt und immer wieder neu erfunden hat, macht begriffliche Bestimmung nicht einfacher. Sabine Fiedler unternimmt dennoch den Versuch einer Definition und führt aus, dass das Comic eine Textsorte sei, die durch die Merkmale, narrative Struktur, Bildreihung und Schrifttexten gekennzeichnet werde.[3] Das Comic ist demnach ein eigenständiges Medium, welches sich meist durch das vielfältige Zusammenspiel von bildlichen und sprachlichen Zeichen definiert. Allerdings bleibt hier zu beachten, dass es auch Comics gibt, die völlig ohne Text auskommen und nur anhand von Bildern eine Geschichte erzählen. Comics sind eine besondere Form der Bildgeschichte, gleichzeitig sind aber nicht alle Bildgeschichten auch Comics. Die Bezeichnung Comic verweist zudem auf den zu vermutenden humorvollen Inhalt dieser Darstellungsform, der zumindest in der Anfangszeit des Comics fast immer gegeben war. In der heutigen Zeit findet sich das Comic jedoch in nahezu jedem Bereich wieder. Vielfältige Themen und Inhalte, sowohl ernst als auch lustig, werden innerhalb dieses Mediums angesprochen und abgearbeitet. So lässt sich mittels der Verwendung von Comics auch eine spielerisch anmutende Umsetzung von Klassikern in die Kinder- und Jugendliteratur beobachten. So vielfältig wie die Themen des Comics ist auch, das in ihnen umgesetzte, Verhältnis von Sprache und Bild, sowie die verschiedenen Gestaltungsmittel die einem Autor dieses Genres zu Verfügung stehen.

> Unterschiedliche Schrifttextanteile bedeuten nicht automatisch die Dominanz des Bildes im Comic. Vielmehr bilden im prototypischen Comic verbale und nonverbale Textteile eine Einheit, ergänzen sie sich in einer Weise, dass ihre Kombination in der Regel einen Mehrwert ergibt.[4]

Dies hat zur Folge, dass der Rezipient beim Lesen eines Comics aktiv werden muss. So muss er nicht nur lesen, sondern zu gleicher Zeit die Bilder betrachten und Bild und Text in einen Verstehenskontext einfügen, also kombinieren. Besonders in den Lücken zwischen den einzelnen Panels, die eine narrative Folge darstellen, muss der Rezipient eine produktive Leistung erbringen und das „nicht dargestellte Geschehen zwischen den Szenen"[5] mit Hilfe seiner Phantasie, Erfahrung und seines Wissens ergänzen.[6] An dieser

---

[3]Sabine Fiedler: Sprachspiele im Comic. Das Profil der deutschen Comiczeitschrift MOSAIK. Leipzig: Uni Verlag 2004.

[4]Ebd. S.34.

[5]Bernd Dolle-Weinkauf: Comics: Geschichte einer populären Literaturform in Deutschland seit 1945 ; [eine Veröffentlichung des Instituts für Jugendbuchforschung der Johann-Wolfgang-Goethe-Universität, Frankfurt am Main] 1990 S.328.

[6]Sabine Fiedler: Sprachspiele im Comic. Das Profil der deutschen Comiczeitschrift MOSAIK. S.46.

Stelle kann besonders die emotionale Verfassung und Sichtweise des Rezipienten entscheidend sein, da dieser von seinem Standpunkt aus, mit seiner Lebenserfahrung und seinem Wissen, das dargestellte Geschehen deutet und ergänzt. Die Poetik nun erkennt diesen Zusammenhang. Die Kunst des Malens von Bildern durch Sprache wird in der Poetik benannt und tritt deutlich hervor. Dichten ist keine erlernbare, intellektuell gesteuerte Fähigkeit, die Regeln folgt, sondern individueller Ausdruck der Person des Dichters und seiner erschaffenen Welt.[7] Insofern findet sich auch in Comics Poesie als eine Kunstform wieder. Besonders deutlich wird dies, wenn bekannte poetische Texte mittels eines Comics begreifbar werden. Die genutzten Kommunikationsebenen erleichtern Kindern durch die Pluralität der verwendeten Kanäle den Zugang zum Genre der klassischen Literatur. Gelberg formulierte diesbezüglich, dass Kinder schwierige Literatur zwar nicht zwangsläufig verstünden, aber trotzdem etwas erführen. Wird dieses Erfahren poetischer Texte noch durch die Verwendung von Bildern ergänzt, kann sich staunendes Erkennen manifestieren.

b) Kommunikationsebenen

„Die Verwendung verschiedener sprachlicher Zeichen erfolgt im Comic nach einem festgelegten und für den Leser erwartbaren System"[8] So findet sich innerhalb eines Comics der Erzählerkommentar zumeist in Blöcken und die Figurenrede in Sprechblasen. Der Autor des Comics hat also die Möglichkeit sich mit Hilfe des Blocktextes an den Leser zu richten und, ähnlich der Regieanweisung in einem Dramentext, das Geschehen einzugrenzen oder zu kommentieren.

c) Sprech- und Gedankenblasen

„Texte in Blasen sind Denk- oder Sprechakte und damit nicht Teil der Bilder selbst. Sie setzen Rede oder Gedanken in sichtbare Sprache um"[9] Laut dieser Definition ist der Text der Sprechblasen getrennt vom Bild zu betrachten. Jedoch sind Sprechblasen in Bilder übertragene Sprache und somit sowohl verbal als auch bildlich. Sprechblasen schaffen einen Dialog innerhalb des Bildes oder der Bilder.[10] Das heißt die Texte innerhalb des Comics, welche in Sprechblasen realisiert werden, sind gemeinsam mit der Bildhaftigkeit

---

[7] Alo Allkemper und Norbert Otto Eke: Literaturwissenschaft. 3.Auflage. Paderborn: Wilhelm Fink Verlag. 2004. S.77f.
[8] Ebd. S.48.
[9] Ole Frahm: Die Sprache des Comics. Hamburg: Philo Fine Arts 2010. S.3.
[10] F.Jakob:Comic-Analyse. o.O: UvK Verlag, 2011.S.112.

die Ausdrucksform des Comics und somit der Kanal zum Rezipienten. Die Sprechblasen zeigen die unmittelbare Kommunikation der Charaktere, je nach Erzähltext. Verstärkt durch Bildeffekte, Graphik und Farben, vermitteln sie unter anderem mit Hilfe von Lautmalereien, spezifischen Ausdrücken und Redeformen die emotionale Situation der Figuren. Hierdurch machen sie „in besonderem Maße die Lebendigkeit der Comic-Sprache aus."[11] Der Text der Sprechblasen ist unmittelbar, d.h. er wird direkt durch die Protagonisten an den Rezipienten weitergegeben. Neben den eben erwähnten Sprechblasen, die auch durch ihre Form eine gewisse emotionale Assoziation zulassen, erfährt der Comicleser oftmals auch durch Gedankenblasen, was die abgebildete Figur umtreibt. Vergleicht man die Funktion dieser Gedankenblasen mit anderen literarischen Texten, ist diese wohl am ehesten mit dem narrativen Erzähler vergleichbar. Ebenso wie auch bei den Sprechblasen sind die Gedankenblasen kein direkter Teil des Bildes, jedoch eng mit diesem verknüpft. So ist die Sprech- oder Gedankenblase im Regelfall einer bestimmten Person zuzuordnen, wie bereits im Vorfeld erwähnt. Wo dies nicht der Fall ist, verwirrt es den Leser. „Der personalisierte Text kommentiert und bringt die Handlung voran, er verdeutlicht die Positionen der einzelnen Figuren in der Geschichte."[12]

d) Erzählertext

Der Erzählertext, welcher sich meist am oberen Rand des Panels befindet, liefert Informationen zum Verlauf einer Geschichte, die nicht im Bild vermittelt werden können oder sollen, aber dennoch wichtige Informationen für die weitere Handlung enthalten. Auch witzige Kommentare oder Szenenwechsel werden mit Hilfe der Blocktexte realisiert. Sie vermitteln dem Leser einen Einblick in das Geschehen.

> In zahlreichen Heften beschränkt sich der Erzählerkommentar jedoch nicht auf knappe Blocktexte, sondern nimmt vor allem am Anfang der Geschichte epische Züge an. Hier wird häufig eine knappe Zusammenfassung des bisherigen Geschehens vorgenommen und mit einer Einführung verbunden. Besonders breiten Raum nehmen außerdem die Erläuterungen zum historischen Hintergrund eines Geschehens, zu kulturellen und geografischen Fakten ein, wobei durch Karten oder Dokumente zusätzliche Authentizität vermittelt werden soll.[13]

Die Vermittlung dieses Hintergrundwissens trägt also erheblich zum Verstehen der Handlungen innerhalb eines Comics bei. Der Rezipient versteht die Zusammenhänge, die

---

[11]Sabine Fiedler: Sprachspiele im Comic. Das Profil der deutschen Comiczeitschrift MOSAIK.
[12]Ole Frahm: Die Sprache des Comics. Hamburg: Philo Fine Arts 2010. S.15.
[13]Ebd.S.65.

Vorgeschichte oder den zeitlichen Rahmen durch das Lesen der Blocktexte, welche nicht selten an die Regieanweisung innerhalb eines Dramas erinnern. Auch werden lustige Elemente teilweise durch den Blocktext verstärkt oder erschaffen. Der Autor kommentiert beispielsweise eine dargestellte Szene sarkastisch oder wirft durch Wortwitz ein anderes Licht auf die Situation. Somit ist er in der Lage die bei dem Leser aufkommende Empathie oder Sympathie, ganz allgemein die Emotion, aktiv in die von ihm gewünschte Richtung zu lenken.

2. Sprache und Emotionen

a) Funktion von Sprache

Die Frage nach den Funktionen der Sprache ist noch von der Prager Schule des Strukturalismus aufgeworfen und grundsätzlich untersucht worden.[14] Sie hat auch in der darauffolgenden Zeit mehrere Versuche ausgelöst, eine passende Antwort zu finden. Die jeweils verschiedenen Ausgangspunkte (soziologische, logische, philosophische u.ä.) führen zu erheblichen Unterschieden bei der Bestimmung der sprachlichen Grundfunktionen. In der Sprachwissenschaft haben sich jedoch die Modelle von Karl Bühler und Roman Jakobson etabliert, die einen psychologischen Ansatz aufweisen und den Kommunikationscharakter der Sprache betonen.

Karl Bühler, der dem Prager Kreis nahesteht, geht von der Auffassung aus, dass die Sprache ein Werkzeug sei, mit dem die Menschen etwas über die Dinge mitteilen können[15] (sog. organon didaskaleion). In seinem Organon-Modell (griech. Werkzeug) entwickelt er ein Zeichenmodell, in welchem Sender, Empfänger, Gegenstände und Sachverhalte durch die Ausdrucks-, Appell- und Darstellungsfunktion der Sprache miteinander verbunden werden. Für die *Ausdrucksfunktion* wird noch die Bezeichnung Symptom verwendet; sie ist primär auf den Sender bezogen und spiegelt seinen inneren Zustand und seine Einstellungen wieder. Die *Appellfunktion* (der Signal) ist auf den Empfänger gerichtet und soll ihn zu etwas auffordern oder bestimmte verhaltens-, einstellungs- oder gefühlsmäßige Reaktionen bei ihm bewirken. Die *Darstellungsfunktion* (das Symbol) hat eine dominante Ausrichtung auf den Gegenstand und stellt Sachverhalte dar oder berichtet über sie. Der Kontext steht im

---

[14]Vgl. Eckhard Rolf: Sprachtheorien. Von Saussure bis Millikan.Berlin: Walter de Gruyter 2008. S.17.
[15] Ebd. S.20.

Vordergrund.[16]Bei seiner Auffassung geht Roman Jakobson von einer Übersicht über die konstitutiven Faktoren eines jeden Sprechaktes aus. Er erweitert das Organon-Modell um drei weitere Faktoren (Nachricht, Kontaktmedium und Code) und verbindet mit ihnen drei neue Funktionen, wobei er für die Bühlerschen Funktionen unterschiedliche Bezeichnungen gibt: *Die phatische Funktion* ist auf das Kontaktmedium (den Kanal) ausgerichtet und besteht im bloßen Kontakthalten mittels Sprache, d.h. im Herstellen, Verlängern oder Unterbrechen eines sprachlichen Kontakts. *Die metasprachliche Funktion* ist auf den Code gerichtet und bezeichnet die für die Äußerung verwendete Sprache selbst. Bei der *poetischen (auch ästhetischen) Funktion* steht die Nachricht im Mittelpunkt und sie findet ihren Ausdruck in der besonderen Auswahl der Lexik für eine Äußerung. Die Darstellungsfunktion von Bühler ist bei Jakobson *kognitiv oder referentiell* genannt, die Appellfunktion wird als *konativ* bezeichnet, und die Ausdrucksfunktion als *expressiv (emotiv).* [17] Für die vorliegende Untersuchung ist die Ausdrucksfunktion von Belang, da sie eben dazu dient, die Gefühle „die Innerlichkeit des Senders" (Bühler 1934, zit. bei Bußmann 1990, 549) in der Kommunikation (dem Gespräch, welches auch im Comic die tragende Kommunikationsform darstellt) durch verschiedene (linguistische) Mittel zum Ausdruck zu bringen. Bei der emotiven Funktion wird die Sprache von dem Sprecher dazu gebraucht, seine Emotionen, seine gefühlsmäßigen Einstellungen zu den augenblicklich relevanten Sachverhalten ausdrücken zu könnte. Hierdurch wird seine Stimmung, seine innere Fassung, seine Haltung dem Gegenstand gegenüber formuliert. Es geht nicht mehr darum, was geäußert wird, sondern warum es getan wird, wie der Sprecher zu dem denotativen Inhalt des Gesagten steht, wie er seinen Wahrheitswert einschätzt, welche Annahmen er über ihn hegt. Jedoch scheint es wichtig zu erwähnen, dass in einer sprachlichen Äußerung nicht nur ausschließlich eine Funktion vorkommt, sondern mehrere zu erkennen sind und unter ihnen jedoch eine dominiert.

b) Sprache und Gefühle

Inwieweit Sprache Einfluss auf die Gefühle nimmt und dadurch in der Lage ist, die Ratio auszuschalten, untersucht Rupert Lay in seinem Buch mit dem Titel „Manipulation durch

---

[16]Vgl. Eckhard Rolf: Sprachtheorien. Von Saussure bis Millikan.Berlin: Walter de Gruyter 2008. S.20.
[17]Vgl. Ebd. S.17.

die Sprache". Nach Lays Auffassung leben die Menschen in verschiedenen Welten: In der Sinneswelt (als „Primärwelt") und in weiteren Welten, die er als „sekundäre Welten" bezeichnet.[18] Die Gefühle bilden eine eigene Welt. Lay führt dazu aus:

> Sie [die Gefühle] bildet die Welt unserer eigentlichen (sekundären) sozialen Emotionen (oder der Emotionen, die sozial bedingt sind). Wir sprechen dabei von „Gefühlswelt". Inhalte dieser Gefühlswelt sind alle Emotionen, die nicht nur irgendwie gegenstandsbezogen sind, sondern sich auf ein Du oder Wir als Gegenstand beziehen. Und hier unterscheiden wir zwei Gegenstandsbereiche der Gefühlswelt: - die sozialen Gefühle (wie Glaube, Liebe, Vertrauen, Hass, Neid, Missgunst ...), - die sittlichen Gefühle (wie Ehre, Treue, Mut, Gerechtigkeit, Gehorsam, Ehrlichkeit, Männlichkeit ... und deren Gegenteil).[19]

Durch Gefühle werden nach Lay Beziehungen zwischen den Menschen gestiftet, und umgekehrt. Existiert kein Kontakt zur Außenwelt, können zahlreiche Gefühle nicht entstehen. Deutlich wird dies anhand folgenden Beispiels:

> Stellen Sie sich einmal vor, Sie seien ein kleines Kind auf einer einsamen Insel gestrandet und hier frei aufgewachsen. Dann hätten sie vermutlich diese Mitwelt gar nicht entwickelt. Soziale Gefühle wie auch sittliche Gefühle würden Ihnen nichts bedeuten. Sie hätten dafür keine Worte. Es wäre eine leere Welt. Sicher hätten Sie auch dann Gefühle, aber es wären die der primären emotionalen Welt (Erwartung, Angst, Freude, Verzweiflung, Ehrfurcht ...).[20]

Ein weiteres Charakteristikum von Gefühlen, ist deren Irrationalität. Gefühle lassen sich nicht über den Verstand herleiten und sind nur beschränkt durch die Ratio zu kontrollieren. Monika Schwarz-Friesel führt dazu aus, dass Emotionen einen Großteil unserer Bewusstseinszustände sowie Denk- und Handlungsprozesse bestimmen. Sprachliche Äußerungen übermitteln somit immer auch Emotionen, welche durch Sprache für andere sichtbar werden.[21] Diese Sichtbarkeit der Emotionen wird im Comic noch durch die Visualisierung mittels der Bilder verstärkt, welches in den nachfolgenden Kapiteln noch genauer erläutert werden wird. Die Rolle der Emotion innerhalb der Sprache ist also ein primäres Merkmal, so betonte schon Goethe in seinem Werk Faust: „Gefühl ist alles, Name ist Schall und Rauch." Das Wahre, wirklich Wichtige, liegt demnach im Gefühl. Die einzelnen Wörter der Sprache sind jedoch eher symbolhaft und flüchtig. Erst das Gefühl, die Emotion regt einen Menschen zum Denken an.[22] So ist es

---

[18]. Rupert Lay: Manipulation durch die Sprache. o.O: Ullstein 1999, S. 321.
[19] Ebd, S. 321.
[20] Ebd.S. 322.
[21]Vgl. Monika Schwarz-Friesel: Sprache und Emotion. 2.Aufl.Tübingen und Basel: A.Francke Verlag 2013. S.1.
[22]Vgl. Ebd, S.4.

von enormer Wichtigkeit für einen Autor den Rezipienten auf die eine oder andere Weise emotional zu berühren, denn „sowohl die Produktion als auch die Rezeption sprachlicher Äußerungen wird oft maßgeblich von emotionalen Komponenten determiniert."[23]

Lay bringt noch ein weiteres Merkmal in die Überlegungen zur Rolle des Gefühls ein, nämlich das Merkmal des Handelns. Das Handeln ist nach Lay viel stärker durch die Emotionen bestimmt als durch den Verstand; dies eröffnet Möglichkeiten der Manipulation: Durch das Ansprechen der Gefühle vergrößert sich die Handlungsbereitschaft.

> Nun ist unsere soziale Welt vor allem eine Gefühlswelt. Das heißt: Unsere sozialen Kontakte und Interaktionen sind zum wesentlichen Teil durch Emotionen (soziale wie sittliche) bestimmt. Da Emotionen aber nur sehr beschränkt der rationalen Kontrolle unterliegen, ist unsere soziale Welt (die von nicht wenigen Menschen als die „eigentliche Welt" betrachtet wird) die Welt der manipulatorischen Strategien. Manipulation erscheint uns also als die Begegnung einer fremden Rationalität mit unserer Emotionalität. Da diese irrational ist, wird sie dem fremden rationalen Anspruch relativ hilflos ausgeliefert sein. So kommt es dann zu ständigen (meist erfolgreichen) Manipulationsversuchen, gegen die nur eine beschränkte Abwehr möglich ist.[24]

Der sprachliche Appell an die Gefühle vergrößert die Handlungsbereitschaft im Sinne einer solchen „appellierenden" Sprache. Generell ist es mittels Sprache möglich, auf der Ebene der Emotionen erfolgreich zu manipulieren. Die Sprache im Comic bedient sich der Emotionalität um das Interesse des Lesers zu erwecken und zu fesseln. Emotionale Sprechakte lassen die dargestellten Figuren lebendiger erscheinen. So werden beim Rezipienten durch die Darstellung von Emotionen selbst ebensolche geweckt. Diese können sich in Vorlieben und Abneigungen für bzw. gegen bestimmte Comichelden oder Handlungen äußern. Aber auch allgemeinere Reaktionen wie Neugierde, Überraschung und Spannung werden durch die Verwendung von emotionaler Sprache, Ausrufen usw. gesteuert und verstärkt. Sprachverarbeitungsvorgänge und Sprachverständnis sind nicht wie einstmals angenommen autonom von emotionalen Faktoren, sondern werden vielmehr stark von emotionalen Zuständen beeinflusst. So hat auch die eigene Befindlichkeit des Rezipienten zum Zeitpunkt des Lesens einen wichtigen Einfluss auf dessen Wahrnehmung und Empathiefähigkeit. Dieckmann spricht in diesem Zusammenhang nicht vom „Appell an die Gefühle", meint jedoch ähnliches, wenn er von

---

[23]Monika Schwarz-Friesel: Sprache und Emotion. 2.Aufl.Tübingen und Basel: A.Francke Verlag 2013.
[24]Rupert Lay: Manipulation durch die Sprache. o.O: Ullstein 1999, S. 323.

der „emotionellen Funktion" von Sprache spricht.[25] Sprache dient somit nicht mehr primär zum Austausch von Informationen, sondern hat nach Dieckmann vor allem einen integrativen Charakter. Dieckmann erläutert dazu weiter:

> Gleichgültig aber, woran der Sprecher identifiziert wird, der Reaktion liegt beim Hörer die nicht weiter reflektierte Annahme zugrunde, dass, wer so spricht wie ich, zu mir gehört, so denkt wie ich und sich so verhält wie ich.[26]

Die sich aus dieser appellierenden Sprache ergebenen Folgen beschreibt Dieckmann folgendermaßen: „Die emotionelle Funktion der Sprache bekam virulente politische Bedeutung und wurde zum Hebel sprachpolitischer Maßnahmen."[27] Die Sprache ist das Mittel der Manipulation zur Erreichung von Interessen. Hier ist nicht nur von der gesprochenen, sondern auch von der geschriebenen Sprache auszugehen. Sprache hat also die Möglichkeit, Menschen zu manipulieren, Gefühle zu wecken, zu verstärken und Sympathien zu lenken. Schwarz-Friesel bemerkt dazu: „Je nach Information und Rezipientensituation löst eine sprachliche Äußerung Freude oder Ärger, Wut, Angst und Empörung, Glück oder Mitleid aus."[28] Das Rezipieren eines Textes ist also ein mehr oder weniger stark emotional gesteuerter Prozess. Emotionale Prozesse sind jedoch häufig irrational. So lassen sich meist Gefühle nicht über den Verstand herleiten und sind nur beschränkt durch die Ratio zu kontrollieren. „Da Emotionen aber nur sehr beschränkt der rationalen, kritischen Kontrolle unterliegen, [...]"[29] also eher spontan entstehen, wie sich durch Lay belegen lässt, ist zu erforschen, welche Sachverhalte Emotionen auslösen. Die Textrezeptionsforschung der vergangenen Jahre hat gezeigt, dass es vom Vorwissen des Rezipienten und von seinem Aktivationsniveau abhängt, wie viel von einem Text verstanden und behalten wird. Emotionale Textinhalte, so wird vermutet, können vom Leser leichter verknüpft und gespeichert werden. Da Comics nun einer breiten Masse verständlich und einprägsam sein sollen, werden auch hier sämtliche menschliche Gefühle gespiegelt.

---

[25] Vgl. Dieckmann Walther: Sprache in der Politik. Einführung in die Pragmatik und Semantik der politischen Sprache. Heidelberg: Carl Winter Universitätsverlag, 1969. S. 32.
[26] Dieckmann Walther: Sprache in der Politik. Einführung in die Pragmatik und Semantik der politischen Sprache. Heidelberg: Carl Winter Universitätsverlag, 1969. S. 32.
[27] Ebd, S. 33.
[28] Schwarz-Friesel, S.129
[29] Lay 1995, S 323.

Viele Leser erleben die im Text geschilcerten Emotionen der Protagonisten und haben aktiv an ihren Gefühlen teil, oft identifizieren sie sich während der Lektüre mit den einzelnen Personen[30]

Im Zusammenhang mit diesem Transport von Emotionen werden häufig so genannte Gefühlswörter benutzt. Dies ist zumeist der Teil des Wortschatzes, welcher sich explizit auf emotionale Zustände und Prozesse bezieht (Nomina: Liebe, Hass, Freude und Verben: lieben, hassen, freuen). Um nochmal auf das, unter Punkt III.a. erklärte, Organon-Modell zurück zu kommen, handelt es sich also bei diesen Wörtern um emotionsbezeichnende Sprachausdrücke, deren deskriptiver Symbolwert in der Referenz auf außersprachlichen Zeichen liegt, hier Emotionen, also inneren Vorgängen. Allerdings muss an dieser Stelle ebenso auf das Wechselspiel von Bildern und Emotionen im Comic verwiesen werden. So können sich beide Elemente enorm unterstützen. Der Ausdruck von Emotionen im Bild und die der Sprache treten in eine Symbiose und ergänzen sich gegenseitig. Ähnlich wie in der mündlichen Kommunikation, wird innerhalb von Comics das geschriebene Wort durch Mimik und Gestik ergänzt und verstärkt oder erhält erst durch dieses Zusammenspiel seinen letztlich erdachten Sinn. Diese Phänomene (Gestik und Mimik) gelten gemeinhin als nicht-sprachlich, obgleich sie ohne Zweifel einen der wichtigsten Bausteine der Kommunikation liefern.

III. Klassiker für Kinder- „Kafka KURZ UND KNAPP" (1995) - Comicanalyse

Für die Untersuchung des Gegenstands liegt die deutschsprachige Ausgabe vor, die 1995 im Verlag „Zweitausendeins" (Frankfurt am Main) veröffentlicht worden ist und 175 Seiten umfasst. Um die Inhalte des Comics nachfolgend darzustellen, werde ich mich auch drei Aspekte konzentrieren. Zuerst soll ein inhaltlicher Überblick gegeben werden, anschließend steht die formale Gestaltung im Fokus um dann abschließend die Umsetzung eines der Kernthemen Kafkas Werks zu beleuchten, nämlich sein Verhältnis zum Vater und die Umsetzung welche Mairowitz und Crumb für dieses wählen.

---

[30]Schwarz-Friesel, S.129.

a) Inhaltlicher Überblick

„Kafka Kurz und Knapp" will einen Einstieg in das Leben und Werk Kafkas leisten, wobei der Fokus auf den biografischen Aspekten liegt, die als Grundlage dienen können, um seine Literatur weiterführend zu untersuchen. Inhaltlich behandeln die Autoren Mairowitz und Crumb die wichtigsten Stationen in Kafkas Leben, beginnend mit einer plastischen Einführung in das Selbstbild Kafkas. Dieses machen die Autoren an dessen jüdischen Wurzeln, der Beziehung zu seinem Vater und seinem Körperbild fest, das sich beispielsweise in den Krankheiten Kafkas manifestiert. Eine sieben Seiten umfassende Adaption der Erzählung „Das Urteil"; mit Umsetzungen der Kurzgeschichten „Die Verwandlung" (17 Seiten umfassend) und „Der Bau" (2 Seiten) untermauern die beiden Autoren das Körper- und Selbstbild Kafkas. Der Band geht anschließend auf den Briefwechsel mit Felice Bauer ein, schildert die trostlose Arbeit Kafkas in der Versicherungsanstalt und beleuchtet die Beziehungen Kafkas zu den Frauen. Hier liegt der Schwerpunkt auf der Beziehung zu Dora Diamant, obgleich zu Milena festgestellt wird: „Sie war vielleicht die einzige Frau, die er [Kafka] wirklich geliebt hat."[31] Eine wichtige Stellung im Leben Kafkas wird auch seiner Schwester Ottla zugesprochen: „Sie ist die ‚andere' Frau in Kafkas Leben – vielleicht der bedeutendste Mensch und das Gegenteil der ‚unreinen' Obsession des Schriftstellers."[32] Kafkas Selbstbild in Bezug auf Frauen spüren Mairowitz und Crumb in den Erzählungen „Der Prozess" (am Beispiel Lenis), die auf 8 Seiten adaptiert wird, und „Das Schloss" (Milena als Inspiration für Frieda), dargestellt auf 16 Seiten, nach. Der Judenhass in Prag um 1918 wird ebenso geschildert wie die nationalistisch aufgeladene Situation im Berlin des Jahres 1923, welche auf einem doppelseitigen Panel aufgezeigt wird. Ab Seite 154 beginnt ein Nachwort, das die Editionsgeschichte von Kafkas Werk umreißt (Max Brod), das Ausmaß der Kafkaforschung ironisch reflektiert und auf die Rezeption des Kafka-Oeuvres eingeht. Neben den erwähnten Erzählungen Kafkas werden noch folgende adaptiert: „In der Strafkolonie" (11 Seiten), „Ein Hungerkünstler" (10 Seiten) und „Das Naturtheater von Oklahoma" (8 Seiten). Der Band endet mit einem Blick auf das Prag der Neunzigerjahre, in dem Kafkas Grabstätte als Touristenattraktion herhalten muss und überall „Kafka-Fan-Artikel" zu erwerben sind: „Wie den Mozart in

---

[31] Mairowitz, Crumb 1993, S. 102.
[32] Ebd. S.136.

Salzburg, so wird man bald auch hier sein Gesicht als Schokoladenriegel essen können."[33] Mit dem abschließenden Blick auf Prag schließt „Kafka kurz und knapp" seinen
inhaltlichen Kreis, denn bereits zu Beginn des biographischen Sach-Comics führt ein dop-
pelseitiges Panel in Kafkas Geburtsstadt ein. Die Erzählung wird immer wieder mit klei-
nen Anekdoten angereichert, die das Buch höchst unterhaltsam werden lassen und er-
möglichen, dass ein überaus plastisches Bildes Schriftstellers entsteht.

b) Formale Gestaltung

(Abb. 1)

---

[33] Mairowitz, Crumb 1993, S.137.

Stilistisch grenzen sich Mairowitz und Crumb von der Masse der Comics ab – sowohl durch die Texte, als auch durch die Zeichnungen. Allein der weitgehende Verzicht auf Sprechblasen, die außerhalb der Adaptionen nur sehr selten eingesetzt werden, fällt gestalterisch ins Auge. Der Großteil der verbalen Erzählung wird in Blockkommentaren bestritten, von denen Mairowitz zwei Grundtypen anwendet: ein Blockkommentar mit Umrandung kennzeichnet ein Zitat aus den Tagebüchern, Briefen und Erzählungen/ Romanen Kafkas (unterer Block in Abb. 1). Teilweise tritt dieser Kommentar-Typ auch ohne Umrandung auf, wird dann aber durch Anführungszeichen oder Schreibschrift als Zitat kenntlich gemacht. Diese Verwendung von Text tritt in „Kafka Kurz und Knapp" sehr gehäuft auf, die Adaptionen der verschiedenen Werke Kafkas werden fast komplett mit Originalzitaten bestritten. Der zweite Typ von Text-Kommentar ist ohne Umrandung in die Erzählung eingeflochten und markiert, dass Mairowitz hier seine eigene Sicht auf die Dinge preisgibt und interpretatorische Arbeit leistet, sei es in Bezug auf das Leben oder das Werk Kafkas (oberer Textblock in Abb. 1). Diese Art Kommentar erstreckt sich stellenweise über eine halbe Seite und macht den größten Teil des Comics aus, der mit ungewöhnlich viel Text ausgestattet ist. Beide Typen von Blockkommentar – der zitierende und der interpretierende – stehen oftmals in enger Wechselwirkung, etwa, wenn Mairowitz eine seiner Aussagen belegen will oder ein Zitat erläutert; die Bildebene stellt diesen Erkenntnisgewinn dann visuell dar. Die Zeichnungen Robert Crumbs sind in schwarzweiß gehalten und zeichnen sich durch einen hohen Detailreichtum aus. Bewegungslinien und onomatopöetische Wörter kommen zwar vor, werden aber äußerst sparsam und gezielt eingesetzt, was einen untypischen visuellen Eindruck entstehen lässt. Andreas C. Knigge beschreibt in seinem Comiclexikon den Stil Crumbs, der auch in „Kafka Kurz und Knapp" deutlich sichtbar wird: „Sein markanter, grober Zeichenstil erweckt den Eindruck, als wären die schwarzweißen Geschichten äußerst flüchtig und eilig auf Papier geworfen worden, doch bei näherem Hinsehen erkennt man schnell, dass Crumb ein Pedant ist, der nicht eine Linie oder eine Schattierung dem Zufall überlässt."[34] In der Tradition der „Graphic Novels" verwendet Crumb häufig ganzseitige, stellenweise auch doppelseitige Panels. Nur sehr selten greift er auf die übliche Anordnung der Panels zurück, die etwa acht Bilder auf einer Seite fasst. Crumb arbeitet eher mit großen Bildern, die in der Regel eine halbe Seite einnehmen und außerhalb der direkten Adaptionen zum größten Teil ohne Umrandungen auskommen. Wenn ein Rand gesetzt ist, dient dies

---

[34] Knigge 1988, S. 156.

meistens der Erzählung; etwa, wenn durch „geschlängelte" Linien Harmonie hergestellt werden soll (wie in Abb. 1) oder eine Fotografie abgebildet wird. Auffällig ist zudem, dass die umrandeten Panels oftmals schief in die Seite gezeichnet sind und eine gewisse Unruhe ausstrahlen, die den Charakter Kafkas über die Texte hinaus beschreibt.

c) Die Beziehung zum Vater

Einer detaillierten Analyse wird in diesem Teil die Darstellung des Verhältnisses zwischen Kafka und seinem Vater unterzogen, welches traditionell einen Kernbereich der Kafka-Forschung markiert und vielfach als Grundlage für die Interpretation von Kafka-Texten genutzt wird. Hermann Kafka wird in Mairowitz' und Crumbs' Band in 13 Panels dargestellt und taucht damit häufiger auf, als jede andere Persönlichkeit aus Kafkas Leben. Darüber hinaus wird er in den kommentierenden Texten oftmals erwähnt, beispielsweise in den Anmerkungen zum „Urteil", wo er unmissverständlich als Vorbild der Figur des Vaters in dieser frühen Erzählung Kafkas interpretiert wird. Zudem trägt der Vater Gregor Samsas aus der „Verwandlung" ein Hermann Kafka sehr ähnliches Gesicht, wodurch die Bedeutung des Vaters unterstrichen wird.

Hermann Kafka (1852–1931)

Seine Art, die Angst vor anderen herunterzuschlucken und gegen sich selbst statt gegen ihre Ursache zu wenden, ist der Stoff, aus dem sein Werk besteht. Nirgends wird das deutlicher als in der Beziehung zu diesem Mann...

(Abb. 2)

Auf Seite 26 wird Herrmann Kafka in einem Porträtbild als eigene Figur eingeführt (Abb. 2), wobei der Blockkommentar links neben diesem auf die hohe Bedeutung hinweist, die Mairowitz der Vaterfigur anrechnet. Das Porträt zeigt den Vater aus einer leichten Untersicht, mit massigem Kopf und eine halbe Seite ausfüllend. So verdeutlichen sowohl der Text als auch das Bild die Wichtigkeit und immense Autorität Herrmann Kafkas, die auf seinen Sohn in hohem Maße ausstrahlte. Gleich auf der nächsten Seite wird dieses Machtverhältnis unmissverständlich veranschaulicht; im Blockkommentar heißt es: „Für Kafka Senior, einen Riesen von Mann, war sein Sohn eine Niete, ein ‚Schlemihl', kurz, eine Enttäuschung. Er machte nie einen Hehl daraus."[35] Die auf diesen Kommentar bezogene Sequenz stellt das Verhältnis visuell dar und greift wesentliche Punkte aus Kafkas „Brief an den Vater" auf:

(Abb. 3)

Im oberen Teil von Abbildung 3 findet sich eine Sequenz, die aus drei Panels besteht, welche die Dominanz Herrmann Kafkas gegenüber seinem Sohn mit einfachsten Mitteln

---

[35]. Mairowitz, Crumb, 1993.

ausdrückt. Schon der Hintergrund – mit dem Weiß, das sich durch einen starken Kontrast vom Schwarz des oberen Teils abzeichnet – erzeugt eine unbehagliche Stimmung. Im ersten Panel fällt die körperliche Größe des Vaters auf, der in etwa die doppelte Länge einnimmt, von oben auf seinen Sohn herab zeigt und ihn belehrt: „Wer sich mit Hunden hinlegt, steht mit Flöhen auf, Herr Sohn!" Kafka steht wie zusammengesunken da, sein „Aber…" wird durch die kleinere Schrift und die drei Punkte als „gestammelt" charakterisiert; ein Eindruck, der durch die Betroffenheit markierenden Bewegungslinien um dessen Kopf verstärkt wird. Im zweiten Panel beugt der Vater sich weiter herunter, der Sohn weicht dementsprechend zurück. Das „Keine Wiederrede, Herr Sohn!" wirkt im Vergleich zur ersten Belehrung lauter, da eine größere Schrift verwendet wird. Im dritten Panel schließlich spricht der Vater die Drohung „Ich zerreiße dich wie einen Fisch!" aus, wird mit weit aufgerissenen Augen und übergroßen, zu Krallen geformten Händen dargestellt. Der Blick des Betrachters ist näher an den Vater gerückt. Er scheint aus dem Bild heraus zu springen, während die Proportionen Kafkas gleichgeblieben sind. Dieser erwidert nun nicht mal mehr ein „Aber…", sondern zieht sich in die erschreckende Vorstellung zurück, wie der Vater ihn zerreißt. Die Bewegungslinien, die Kafkas Einschüchterung verdeutlichen, verlagern sich in dessen Gedankenwelt, er erstarrt äußerlich. War in den beiden vorhergehenden Panels der Fokus nur auf der rechten Hand des Vaters, so tritt diese nun dreifach auf – ein drittes Mal in den Gedanken Kafkas. In seinem „Brief an den Vater" beschreibt Kafka diese Szene folgendermaßen: „Das Schimpfen verstärktest Du mit Drohen, und das galt nun auch schon mir. Schrecklich war mir zum Beispiel dieses: ‚ich zerreiße Dich wie einen Fisch', trotzdem ich ja wußte, daß [sic!] dem nichts Schlimmeres nachfolgte (als kleines Kind wußte [sic!] ich das allerdings nicht), aber es entsprach fast meinen Vorstellungen von deiner Macht, daß[sic!] Du auch das imstande gewesen wärest."[36]An anderer Stelle heißt es: „Du hast mir aber schon früh das Wort verboten. Deine Drohung: ‚kein Wort der Widerrede!' und die dazu erhobene Hand begleiten mich schon seitjeher."[37]In dieser Sequenz, die nicht im luftleeren Raum hängt, sondern – wie aufgezeigt – auf den „Brief an den Vater" rekurriert, wird die Vater-Sohn-Beziehung in Wort und Bild überaus gekonnt kommuniziert. Auch die bedrohliche At-

---

[36] Zitiert nach Politzer, Heinz: Das Kafka-Buch. Eine innere Biographie in Selbstzeugnissen. Frankfurt am Main: 1965. S. 22.
[37] Ebd. S.25.

mosphäre wird in der Kombination von Wort und Bild deutlich Auffällig sind die verschiedenen Dimensionen, in denen Vater und Sohn dargestellt werden: der Vater liegt beispielsweise in voller Größe zufrieden im Mittelpunkt des Panels; der Sohn wird im Porträt, leicht geduckt und in der unteren Ecke positioniert. Auch hier findet sich also die Dominanz des Vaters. Bevor die beiden Autoren in ihre Adaption der Erzählung „Das Urteil" schwenken, festigen sie den Eindruck der Leser bezüglich der Beziehung Kafkas zu seinem Vater in einem weiteren Panel:

(Abb. 4)

Hier ist Kafka komplett in seine Gedankenwelt zurückgezogen, er widerspricht seinem Vater nicht offen, sondern antwortet im Stillen auf die Ermahnungen des Vaters, der erneut in mehrfacher Weise als übermächtig dargestellt wird: Augen und Mund sind weit geöffnet, er hält ein Messer in der Hand, die Lautstärke seiner Stimme wird durch große Buchstaben, markante Ausrufungszeichen und den durch Bewegungslinien dargestellten Schall (vermischt mit Speiseresten) hervorgehoben. Der dreifache Vorwurf deutet an, dass diese Art der Zurechtweisungen am Esstisch die Regel war. Stellen, die dies belegen finden sich im „Brief an den Vater", in welchem Kafka zum Beispiel feststellt: „Da ich als Kind hauptsächlich beim Essen mit Dir beisammen war, war Dein Unterricht zum großen Teil Unterricht im richtigen Benehmen bei Tisch."[38] Durch die drei Vorwürfe in den Sprechblasen des Vaters, wird diese Kontinuität auf subtile Art und Weise erzählt; ein weiteres „Esstisch-Panel" an späterer Stelle untermauert diesen Ansatz:

Während seine Familie Schnitzel und Sauerbraten aß, kaute er meist Gemüse, Nüsse und Obst. Obwohl das Hermann Kafka schon genug erzürnte, entdeckte Franz noch die Ideen des Amerikaners Horace Fletcher für sich, dessen Heilmittel gegen jegliche Krankheit das DURCHKAUEN war. Jeder Happen sollte etwa dreißigmal gekaut werden.

(Abb. 5)

In diesem Panel, das einen älteren, in seinem Ausdruck jedoch kaum veränderten Kafka zeigt, werden die vorher etablierten Gestaltungsmittel aufgegriffen. Der „erzürnte" Vater wird durch den milden Gesichtsausdruck der rechts im Panel angeschnittenen Schwester kontrastiert, wodurch seine Aggression verstärkt wird. Wie im ersten „Esstisch-Panel" ist Kafka in seine Gedankenwelt zurückgezogen. Mit welcher Präzision in der Umsetzung Mairowitz und Crumb Kafkas Verhältnis zu seinem Vater inszenieren, verdeutlicht auch das folgende Panel, das in der Chronologie des Comics kurz nach der Adaption des „Urteils", im Zusammenhang mit Kafkas Sicht auf seine Körperlichkeit, platziert ist:

---

[38] Politzer, 1965, S. 22.

(Abb.6)

Erneut wird Herrmann Kafka als schon durch den Körperbau seinem Sohn überlegen gekennzeichnet; seine massigen Arme und Beine und der stramme Schritt stehen in hartem Kontrast zum schmächtigen Körper und unsicheren Gang des Sohnes (die Unsicherheit wird durch die Bewegungslinien noch intensiviert, die ein Unwohlsein kommunizieren). Die passende Stelle aus Kafkas Brief lautet wie folgt:

> „Ich war ja schon niedergedrückt durch Deine bloße Körperlichkeit. Ich erinnere mich zum Beispiel daran, wie wir uns öfters zusammen in einer Kabine auszogen. Ich mager, schwach, schmal, Du stark, groß, breit. Schon in der Kabine kam ich mir jämmerlich vor, und zwar nicht nur vor Dir, sondern vor der ganzen Welt, denn Du warst für mich das Maß aller Dinge. Traten wir dann aber aus der Kabine vor die Leute hinaus, ich an Deiner Hand, ein kleines Gerippe, unsicher, bloßfüßig auf den Planken, in Angst vor dem Wasser, unfähig Deine Schwimmbewegungen nachzumachen, die Du mir in guter Absicht, aber tatsächlich zu meiner tiefen Beschämung immerfort vormachtest, dann war ich sehr verzweifelt und alle meine schlimmen Erfahrungen auf allen Gebieten stimmten in solchen Augenblicken großartig zusammen."[39]

Wie nun mehrfach aufgezeigt worden ist, orientieren sich Mairowitz und Crumb in ihrer Darstellung der Beziehung Kafkas zu seinem Vater sehr stark und überaus präzise an

---

[39] Politzer 1965, S. 17.

Selbstzeugnissen Kafkas. Die Hauptquelle bildet hierfür – wie in der übrigen Kafka-Forschung auch – der „Brief an den Vater". Dieser wird explizit erst im Nachwort erwähnt, auf einem ganzseitigen Panel, das die verschiedenen Szenen zwischen Vater und Sohn zusammenfasst Durch diese Rahmung verdeutlichen die beiden Autoren die immense Bedeutung der Vaterfigur für Kafkas Werk im Allgemeinen und „Das Urteil" im Speziellen, womit sie sich in den Kanon der Forschung einreihen. Es spricht für die hohe narrative und stilistische Qualität des Bandes, dass Textstellen aus dem „Brief an den Vater" ganz beiläufig fruchtbar gemacht und in eine äquivalente Comicsprache transformiert werden. Dem Stand der Forschung fügt die Schilderung der Vater-Sohn-Beziehung in „Kafka Kurz und Knapp" zwar nichts Neues hinzu, fasst diesen aber schlicht und einprägsam zusammen – und einen höheren Anspruch hat die einführende Comic-Biographie auch nicht zu erfüllen. „Kafka Kurz und Knapp" liefert einen verlässlichen, neugierig machenden ersten Einblick in die Dichterfigur Franz Kafka und funktioniert als Basis für eine intensivere Auseinandersetzung ganz hervorragend. Das Zusammenspiel von Bild und Sprache macht die schwierige Beziehung zwischen Vater und Sohn auch für jüngere Leser emotional nachvollziehbar, sodass weiterführende Analysen der Werke Kafkas immer auch unter diesem hier erfahrenen emotionalen Blickwinkel betrachtet werden können. Dies scheint wichtig, denn wie bereits erwähnt, hat die Textrezeptionsforschung der vergangenen Jahre gezeigt, dass es vom Vorwissen des Rezipienten und von seinem Aktivationsniveau abhängt, wie viel von einem Text verstanden und behalten wird. Emotionale Textinhalte, so wird vermutet, können vom Leser leichter verknüpft und gespeichert werden. Das Bild und der emotionale Eindruck welcher durch die Lektüre von Kafka -Kurz und Knapp- erzeugt wird, könnte also die Motivation und die emotionale Aktivierung der Leserschaft erhöhen und eine weitere Auseinandersetzung mit den Texten Kafkas begünstigen.

IV.   Fazit

Wie werden durch die Umsetzung klassisch, poetischer Inhalte in Comics Emotionen transportiert?

Diese Kernfrage war der Anlass der vorangegangenen Abhandlung unter der Prämisse, dass gerade die emotionalen Aspekte des Erfahrens lebendiger Worte, wie Gelberg es nennt, eine kündliche Auseinandersetzung mit poetischen Texten anregen können. Da sich Comics aus Texten, also lexikalischen Einheiten, und Bilder, welche ebenfalls über eine gewisse Textualität verfügen, zusammensetzen, finden wir auf beiden Ebenen alle linguistischen und graphischen Phänomene der Emotionskodierung wieder. Der Rezipient etabliert im Leseprozess zu jedem Comic ein bestimmtes Weltmodell, d.h. eine komplexe Konzeptualisierung der im Comic dargestellten Sachverhalte. Er rekonstruiert also Aufgrund der Informationen aus Bild und Schrift auch die Konzeptualisierung des Comicproduzenten. Auf der Ebene der Konzeptualisierung steuern nicht nur kognitive, sondern auch emotionale Komponenten maßgeblich die mentale Repräsentation eines Sachverhaltes. Die Emotionalisierung fungiert aus Produzentensicht als die gezielte Aktivierung von bestimmten Gefühlswelten beim Rezipienten. In der Darstellung eines Geschehens werden emotionale Aspekte in den Vordergrund gestellt. Die gesamte Breite der Gefühle soll aktiviert werden. Unter Emotionalisierung wird der Prozess des Nachempfindens von Gefühlen verstanden, der bei der Lektüre einsetzt. Der Rezipient soll in der Lage sein, gefühlsmäßig am dargestellten Geschehen teilnehmen zu können. Hierfür werden mittels der Sprache und Bilder eigene Gefühle beim Leser geweckt. Festzuhalten ist, dass durch die spezifische Gestaltung eines Comics, hier anhand des Beispiels der Analyse von Kafka Kurz und Knapp, emotionale Reaktionen beim Leser ausgelöst werden, die zu einer ebenfalls emotional besetzten Einstellung gegenüber der dargestellten Sachverhalte führen. Hierdurch werden Empathie und Identifikation des Rezipienten mit den Protagonisten des Comics ermöglicht. Besonders bei jungen Lesern lässt sich so nicht nur das Interesse wecken, sondern sowohl die subjektive Involviertheit als auch die genaue Wahrnehmung werde miteinander verknüpft. Das Erlebnis der Comic-Lektüre ist in diesem Sinne nicht nur informationsvermittelnd, sondern auch meinungsbildend, emotionsaktivierend und motivierend.

V. Literaturverzeichnis

Bernd Dolle-Weinkauf: Comics: Geschichte einer populären Literaturform in Deutschland seit 1945; eine Veröffentlichung des Instituts für Jugendbuchforschung der Johann-Wolfgang-Goethe-Universität, Frankfurt am Main : 1990.

Dieckmann Walther: Sprache in der Politik. Einführung in die Pragmatik und Semantik der politischen Sprache. Heidelberg: Carl Winter Universitätsverlag, 1969.

Eckhard Rolf: Sprachtheorien. Von Saussure bis Millikan. Berlin: Walter de Gruyter 2008.

F.Jakob: Comic-Analyse. o.O: UvK Verlag 2011.

Gelberg, H.-J.: Vortrag: Nachdenklich bis über die Ohren. Uni Paderborn 2017.

Hartmut Stöckl: Die Sprache im Bild, das Bild der Sprache. Zur Verknüpfung von Sprache und Bild im massenmedialen Text. Konzepte, Theorien und Analysemethoden. Berlin: de Gruyter 2004.

Knigge, Andreas C.: Comic-Lexikon. Hamburg: 1988.

Mairowitz, David Zane und Robert Crumb: Kafka: kurz und knapp. Sach-Comic. Frankfurt am Main: ICON books. Zweitausendeins, 1995.

Monika Schwarz-Friesel: Sprache und Emotion. 2.Aufl.Tübingen und Basel: A. Francke Verlag 2013.

Ole Frahm: Die Sprache des Comics. Hamburg: Philo Fine Arts 2010.

Politzer, Heinz: Das Kafka-Buch. Eine innere Biographie in Selbstzeugnissen. Frankfurt am Main: 1965.

R.Groscinni und A.Uderezo: Asteris bei den Pikten.o.O: Egmont Comic Collection, 2013.

Ricarda Strobel: Die Peanuts: Verbreitung und ästhetische Formen: Ein Comicbestseller im Medienverbund. Heidelberg: Winter, 1987.

Rupert Lay: Manipulation durch die Sprache. o.O: Ullstein 1999.

Sabine Fiedler: Sprachspiele im Comic. Das Profil der deutschen Comiczeitschrift MOSAIK. Leipzig: Uni Verlag 2004.

BEI GRIN MACHT SICH IHR WISSEN BEZAHLT

- Wir veröffentlichen Ihre Hausarbeit,
  Bachelor- und Masterarbeit

- Ihr eigenes eBook und Buch -
  weltweit in allen wichtigen Shops

- Verdienen Sie an jedem Verkauf

Jetzt bei www.GRIN.com hochladen und kostenlos publizieren

GRIN